Victoria

Libro primero de lectura y escritura

W9-CFK-443

La creación gráfica, pedagógica y conceptual del libro primero de Lectura y Escritura Victoria, ha sido realizada por los colaboradores que conforman el Equipo Pedagógico Wilbot, S.A.

Dirección Editorial
Guillermo Korn

Ilustraciones
Ricardo Grijalva
Álvaro Torres

Actualizado por
Silvia Cortez de Molina

Corrección de estilo
Francisco Campos

Pre-prensa
Imprenta Wilbot, S.A.

Impresión y encuadernación
Imprenta Wilbot, S.A.

372.41
V645   Victoria : libro primero de lectura y escritura / comp. Equipo
              Pedagógico Wilbot. -- 4a. ed. -- San Salvador, El Salv. :
Imprenta
slv   Wilbot, 2006 (reimpre.).
              72 p. : il. col. ; 24 cm.

              ISBN 99923-818-2-5

              1. Lectoescritura-Enseñanza. I. Equipo Pedagógico Wilbot,
comp.
              II. Título.

BIN/jmh

Este libro pertenece a: _____

Centro Educativo: _____ Grado: _____ Sección: _____

Diagramación y Producción Editorial, Equipo Pedagógico de Imprenta Wilbot, S.A.
Nueva Edición

1

Victoria
Libro primero de
lectura y escritura

Presentación

Profesores y profesoras, padres y madres de familia:

El libro Victoria de lectura y escritura para primer grado que ponemos a disposición del Magisterio, pretende ser el apoyo en esta noble y paciente labor de enseñar a leer y escribir, con el principio de Pedagogía Activa y el método propuesto por el Ministerio de Educación, cuyos pasos metodológicos son:

1. Presentación de la palabra eje y otras a enseñar.
2. Apreciación de cada vocal o consonante en mayúscula y minúscula presentada en letra de imprenta o de molde, y letra de carta o ligada con sus respectivos trazos.
3. Combinaciones silábicas.
4. Presentación de frases y oraciones que contengan las palabras aprendidas.
5. Al pie de cada página mostramos un ferrocarril con la letra que se ha aprendido.

En el libro Victoria se presentan las vocales de forma individual y luego se hace la presentación de las consonantes en sílabas directas, inversas y complejas.

Finalmente hemos seleccionado algunos textos literarios significativos para los niños y niñas, y se los compartimos en la segunda parte del libro Victoria.

Este libro de lectura se complementa con una libreta de trabajo que permite realizar la práctica de la escritura.

Con un saludo especial a los niños y las niñas que hoy inician su proceso de aprendizaje de lectura y escritura, les decimos ¡Bienvenidos y bienvenidas a su primera **Victoria**!

Equipo Pedagógico Wilbot, S.A.

2

Victoria
Libro primero de
lectura y escritura

oso

olla

ocho

ojo

ola

oveja

oreja

I i

iguana

imán

izote

isla

iglesia

indígena

iglú

I i I i I i   ℓ ℓ ℓ ℓ   iiii iiii

A a

a a

abeja

araña

ala

agua

árbol

arcoíris

avión

Aa Aa Aa aaaa aaaa

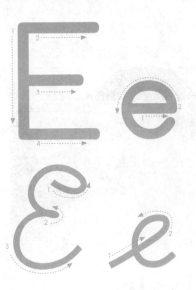

elefante

estrella

espejo

espada

elote

escoba

escalera

E e E e E e   Ɛ Ɛ Ɛ Ɛ   ℓℓℓℓ

Victoria

uvas

uno

urraca

urna

uña

uniforme

unicornio

UuUuUu UUU uuuuu

7

M m

m m

mamá

mi ma mu me mo

amo
ama
Mimí
Meme
mima
mami
Memo

Mi mami me mima.
Mamá me ama a mí.
Mimí ama a Meme.
Meme ama a mami.
Amo a mi mamá.

Mi mami me mima.

papá

po pe pi pu pa

puma   papa   mapa

papi
papa
puma
pepa
mapa
Pepe
papá

Amo a mi papi.

Mimo a mi papá.

Papá mima a Pepe.

Meme ama a papá.

Papá ama a mamá.

Papá ama a mamá.

S s

sapo

su so si se sa

oso

masa

sopa

Sisi
peso
suma
paso
mesa
seso
misa

Mimo a mi oso mimoso.

Susi usa mi mesa.

Sisi me pasa ese mapa.

Mamá puso mi sopa.

Ese sapo se asoma.

Ese sapo se asoma.

Victoria

a s

as

papas

es us os as is

espuma

pesas

espumoso

más
mes
pus
asma
esposa
somos
espeso

Ema es su esposa.

Mi sopa es espesa.

Me pasas esas papas.

Isis pasa mes a mes.

Ese es mi espumoso.

Ema es su esposa.

Libro primero de lectura y escritura

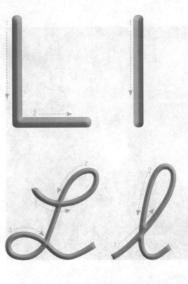

lupa

lo li la lu le

loma   pala   mula

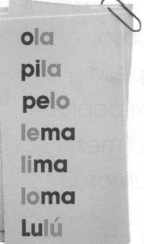

ola
pila
pelo
lema
lima
loma
Lulú

Melisa pela las limas.

Papá sale a la loma.

Lupe se asoma a la sala.

Lalo usa la pala.

Loli usa la lupa.

Loli usa la lupa.

Victoria

sol

il al ol el ul

milpa

pulpo

sal

Elsa
sal
mil
mal
salsa
pulso
palma

Elsa sale al sol.

La salsa es espesa.

Alma se puso mal.

Elisa le puso sal a la sopa.

Sulma suma mil más mil.

La salsa es espesa.

13

D d

dedo

di du da do de

dos

pomada

seda

dime
duda
dedos
me**di**da
se**do**so
dama
mo**da**les

Dalila mide la seda.

Dimas me da soda.

Loli se puso dudosa.

El pelo de mamá es sedoso.

Mamá puso pomada
a mi dedo.

Dalila mide la seda.

Victoria

nido

no ni na nu ne

Luna

asno

nudo

uno
Inés
espina
nulo
manos
melena
maní

Danilo usa el molino.

Milena me da su mano.

Mamá anuda la lana.

La Luna ilumina el nido.

Ana pide una anona.

La luna ilumina el nido.

Libro primero de lectura y escritura

ensalada

un in en on an

limón

pan

mundo

Linda
limón
andén
mu**n**do
panda
Anselmo
ensalada

Anselmo pide una ensalada.

Adán puso limón a la sopa.

Linda usa el mapamundi.

Lina anda en el andén.

Nelson me mandó a la sala.

Lina anda en el andén.

Victoria

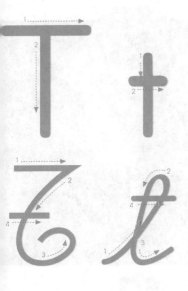

tomate

ti tu te to ta

moto

pato

pelota

atol
tilde
salto
tapón
tuna
pastel
patineta

Tito usa lentes de sol.

Tomás toma una pelota.

La pata mima a sus patitos.

Telma anda en tu patineta.

Toni toma la salsa de tomate.

rosa

ro ri ra re ru

remo

rana

ratón

Roma
risa
resta
raspón
ruta
ramas
remolino

El ratón asustó a Rita.

Tomé la rosa de la rama.

Rosita usa ropa rosada.

A Renato le da risa la rana.

El nido está en las ramas.

18

Tomé la rosa de la rama.

arpa

ir ar or er ur

dormilón

perla

torta

olor
Irma
urna
perla
Marlon
mármol
ordenar

El artista ama su arpa.

Tenemos partido el martes.

La perla es de Armando.

Úrsula ordena su ropa.

Martín pide perdón a Marta.

Tenemos partido el martes.

Libro primero de lectura y escritura

marip**osa**

ro ri ra re ru

loro

pera

toro

Perú
muro
Sarita
tirante
Teresa
mirada
maremoto

La pera está madura.

Morena es de Perú.

El pirata ama a su loro.

Esa mesa es de madera.

La mariposa se para en la rama.

Esa mesa es de madera.

rro

perro

rru   rre   rra   rro   rri

terreno   marrano   torre

mirra
morro
morral
terre**no**
ase**rr**ín
pe**rr**era
mato**rr**al

El perro asustó a Ramiro.

Mi papá usa el morral.

La torre está en el terreno.

El aserrín sale de la madera.

Teresa alimenta al marrano.

F f

foto

fo fa fe fu fi

teléfono

sofá

faro

foto
esf**e**ra
falso
Fidel
firma
enf**e**rmo
perf**u**me

El faro ilumina el mar.

Ese perfume es fino.

Fidelina asa los filetes.

El forro del sofá es de seda.

Fátima toma una foto a Felipe

El faro ilumina el mar.

casa

ca **co** **cu**

coco

cama

camisa

cuna
calma
costal
Carlos
peluca
cadena
colmena

Camila come coco.
Carmen corre a su casa.
Carlos ordena su cama.
Carolina come carne.
El nene está en su cuna.

Camila come coco.

23

G g

gato

ga   go   gu

goma   lago   gusano

gorro
gordo
laguna
ganso
ganado
Margarita
estómago

Tu gato come golosinas.

El gusano es goloso.

Magali usa la goma.

Me gusta comer mango.

Margarita alimenta los gansos

El gusano es goloso.

24

Victori

gui

gui

águila

gue **gui**

guitarra

guindas

guiso

guerra
angui**la**
segui**do**
gui**sado**
Águe**da**
guerrero
agui**naldo**

El gato sigue al ratón.

Miguel toca su guitarra.

Mamá guisa la comida.

El águila está en su nido.

Guido repara la manguera.

Miguel toca su guitarra.

25

güi

pingüino

güe   güi

agüita

paragüita

desagüe

agü**ero**
agü**ita**
desagü**e**
pingü**ino**
ungü**ento**
paragü**ita**
pingü**inera**

El pingüinito toma agüita.

Papá repara el desagüe.

Olga me regaló un pingüino.

El paragüita es útil.

Mamá me pone ungüento en el golpe.

Papá repara el desagüe.

Victoria

B b

burro

ba bu bi be bo

nube

banano

bata

Boris
nabo
deber
barril
buscar
bebida
bálsamo

La boda de Beti es el sábado.

La bandera es bicolor.

Alberto tiró la bola al burro.

La basura está en el basurero.

Boris busca un árbol de bálsamo.

La bandera es bicolor.

27

Qq

queso

que **qui**

mosquito

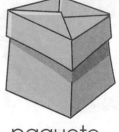

paquete

raqueta

tan**que**
Quique
po**qui**to
e**qui**pos
es**que**ma
ma**qui**la
ma**que**ta

Paquita usa la raqueta.

El periquito come alpiste.

El equipo quedó ganador.

El mosquito enfermó a Quique.

Raquel tomó un paquete de queso.

28

Paquita usa la raqueta.

Victoria

am

am

campana

om um im em am

bombón

bambú

bombero

álbum
bomba
Amparo
cómputo
témpera
simpático
campesino

Mamá usa la computadora.

Tere mira el álbum.

Amparo es simpática.

Ema no le teme al temporal.

El bombero toca la campana.

Mamá usa la computadora.

a i

caimán

ai au ei eu

baile

auto

peine

aire
auto
seis
reina
Paula
Europa
deuda

Paula peina a Reina.

El caimán me asustó.

Reinaldo baila con Paulina.

Mi aula será la de arriba.

Europa es un continente.

Paula peina a Reina.

Victoria

piano

ia ua ie ue

fuego

agua

miel

fuego
lengua
iguana
muela
Mariana
tiempo
miércoles

Maura tiene seis muelas.

Tania tiene siete de nota.

No bebas agua de la pila.

Daniel es un buen pianista.

Amalia tiene una iguana.

Maura tiene seis muelas.

canario

io   iu   oi   ui

ruinas

boina

Luisa

Luis
r**ui**do
rad**io**
Mar**io**
oído
d**iu**rno
c**ui**dado

Fui a la casa de Luis.

Luisa cuida mi boina.

Emilio fue a las ruinas.

Mario estará al mediodía.

Cuidado con el canario.

32

Luisa cuida mi boina.

cacao

ae ao ea eo

aeropuerto

línea

fideo

ca**er**
marea
cacao
paseo
correo
parqueo
ae**ropuerto**

Romeo mira la marea.

El sorteo será en el parque.

El cacao es de color café.

Me gusta la sopa con fideos.

El aeropuerto es enorme.

Me gusta la sopa con fideos.

e e

ee

leer

oa oe ee oo

canoa

roedor

Noé

boa
leer
roe**dor**
Noemí
poe**ma**
cooperar
barbacoa

Noelia lee un poema.

El ratón es un roedor.

Mi familia posee una canoa.

Mi abuela es cooperadora.

El arca de Noé era de madera.

Noelia lee un poema.

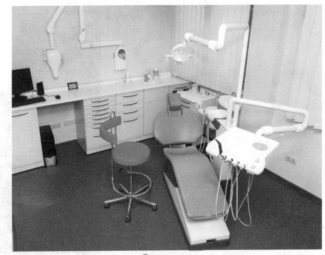

clínica

clo cli cla clu cle

teclado

ancla

cloro

cloro
clima
incluir
cliente
clásico
Claudia
Clemente

El barco está anclado.

Clemente está en clases.

Clarita irá a la clínica.

El agua se purifica con cloro.

El recluta es obediente.

El barco está anclado.

35

cráter

cro cre cru cri cra

cristal

micrófono

crema

o**cre**

crudo

re**cre**o

creador

Cristóbal

cráneo

mi**cro**bús

Cristina sale a recreo.

Cristian recorta los cromos.

Ese cráter es inmenso.

El león come carne cruda.

Dios creó todas las criaturas.

36

Dios creó todas las criaturas.

cabra

bro bre bru bri bra

sombrero

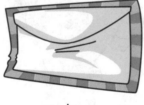

sobre

libro

abril

cobre

brinco

brusco

febrero

brócoli

Brasil

Brenda me da un sobre.

Bruno cuida su cabrita.

Braulio abre su libro para leer.

La libreta es de mi sobrino.

Me puse el abrigo por la brisa.

Brenda me da un sobre.

Libro primero de lectura y escritura

pue**blo**

blo bli bla blu ble

cables

blusa

tabla

Pablo
Biblia
blanco
temblor
ombligo
blusón
tablero

Me gusta la blusa blanca.
En mi casa leemos la Biblia.
Blanca puso la tabla a un lado.
Cambié el cable blanco.
El temblor sacudió el poblado.

Me gusta la blusa blanca.

Victoria

profesora

pru pro pra pre pri

presa

premio

primero

probar
propina
pradera
com**prar**
prudente
prendedor
ca**pri**cornio

La profesora es prudente.

Mi primo es emprendedor.

El premio fue una sorpresa.

Temprano preparo mis útiles.

Blanca compró un prendedor.

La profesora es prudente.

39

pl

planeta

pla plu plo pli ple

pluma

plátano

plano

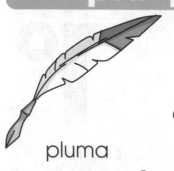

plaga
templo
pli**ego**
plantas
pleito
plumón
a**pla**uso

Este plano es del templo.

Pablo es aplicado en clase.

La Tierra es mi planeta.

Mi amigo completa su plana.

El plumón es de plástico.

La tierra es mi planeta.

tre**n**

tro tre tra tri tru

cuatro

trigo

trompo

tres
triste
trueno
treinta
trampa
trotar
trapeador

El tren trae bastante trigo.

El trueno despertó a Pablo.

Su rostro estaba triste.

El pan es de trigo.

Tres alumnos están con su

maestra.

El trueno despertó a Pablo.

41

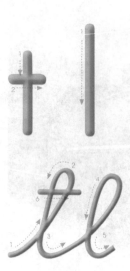

atletas

tlo tle tla tli tlu

Atlántico

atlas

Atlántida

atlas
atleta
decatlón
Atlanta
Atlántida
atletismo
Atlántico

Usé un atlas para mi tarea.

El atleta ganó el decatlón.

Busco el Atlántico en el mapa.

El atletismo es un deporte.

Ese mapa es de la Atlántida.

El atleta ganó el decatlón.

Victoria

Ch ch
Ch ch

chorro

cho chi cha che chu

chocolate

mapache

leche

chica
noche
lancha
apache
cachorro
pechuga
chimenea

El mapache asea su comida.

Chema tiene un cachorro.

A Nacho le gusta la lechuga.

La plancha está caliente.

Me gusta la comida china.

La plancha está caliente.

43

V v

vaca

vu ve va vi vo

venado

pavo

vaso

uvas
vista
bravo
vuela
avena
veneno
vitaminas

Evaristo toma vitaminas.

Verónica vacunó a su vaca.

El avión vuela en lo alto.

La nave usa una vela.

Vanesa estudia las vocales.

Verónica vacunó a su vaca.

44

piñata

ñi ña ñe ñu ño

niña

piña

señor

añil
sueño
montaña
pañ**uelo**
ruiseñ**or**
muñ**eco**
pestaña

Toñito compró una piñata.

El ruiseñor canta de mañana.

La señora vende leña.

La niña tiene una muñeca.

La araña sube a su telaraña.

Toñito compró una piñata.

Libro primero de lectura y escritura

H h

hipopótamo

he hu hi ha ho

hilo

helado

Búho

Hilda
harina
hacha
horario
huevo
hermana
horchata

Hugo toma foto al hipopótamo.

Hilda descansa en la hamaca.

Sale humo de esa chimenea.

La herida de mi hermano sanó.

Hago mi horario de clases.

Sale humo de esa chimenea.

Victoria

frutas

fri fru fro fra fre

Alfredo

cofre

fresa

frío
frotar
frenos
África
Franco
ofrenda
frutero

La fruta está fresca.

Alfredo se frota la frente.

Este cofre tiene un tesoro.

El afrecho es saludable.

Franco come papas fritas.

El afrecho es saludable.

47

flores

flu fle fla fli flo

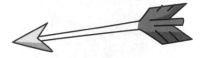

flauta   flecha   florero

flan
rifle
flota
flúor
flauta
florero
flamenco

Coloqué las flores en el florero.

El indio usaba su flecha.

El flamenco es rosado.

Flora prepara un sabroso flan.

Flavio toca música con su

flauta.

El indio usa su flecha.

48

iglú

glo gli gla glu gle

regla

globo

iglesia

Gladis
Glenda
gladiolo
glucosa
glorieta
gladiadores
glotonería

Gloria asiste a la iglesia.

Vi un iglú en el libro.

Glenda arregla su peinado.

Le di mi globo a Gladis.

La flor de gladiolo es bonita.

Gloria asiste a la iglesia.

49

g r

g r

tigre

gro gri gra gre gru

gruta

gradas

negro

grupo
grieta
grasa
peli**gro**
vina**gre**
granada
a**gra**dable

El tigre descansa en la grama.

Gloria es agradable.

Los niños gritan alegres.

La carretera es peligrosa.

Gregorio entró a la gruta.

50

La carretera es peligrosa.

golondrina

dro dri dra dru dre

piedras

cuadro

dragón

Pedro
Andrea
ma**drina**
Adriana
cua**dra**do
ma**dru**gada
cua**drí**cula

Don Rodrigo es mi padrino.

Andrea es dramática.

Adrián me regaló un cuadro.

El dromedario es cuadrúpedo.

Las golondrinas son aves

pequeñas.

Adrián me regaló un cuadro.

J j

jirafa

ju je ja ji jo

conejo

abeja

oveja

te**jer**
jinete
jardín
ore**ja**
Julio
jueves
joroba

Javier cuida a los pájaros.

Juan pasea en su jardín.

Me gusta la miel de abeja.

Jeremías dibuja una jirafa.

Julia juega con su conejo.

Jeremías dibuja una jirafa.

Victoria

ge

ge

ge**melos**

gi   ge

gelatina

gema

gitano

giro
ángel
geranio
página
Geraldina
escoger
Gilma

El general dirige a la tropa.

Regina tiene un girasol.

El perro se agita al correr.

Gilma es generosa.

Geraldina pasea con sus gemelos.

Gilma es generosa.

Libro primero de lectura y escritura

Ll ll

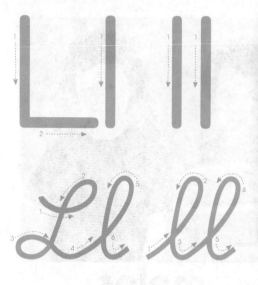

lluvia

lla llu lle lli llo

silla

llanta

caballo

ga**ll**o
llenar
lluvia
llavero
amari**ll**o
po**ll**ito
semi**ll**as

Guillermo come quesadilla.

El día está lluvioso.

La gallina llama a sus pollitos.

Mi caballo recorre el valle.

La Luna llena ilumina el llano.

Mi caballo recorre el valle.

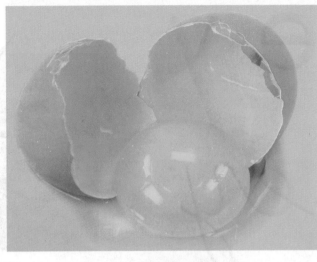

yema

yu ya ye yo yi

yoyo

payaso

yeso

ayer
so**y**a
ra**y**os
ho**y**ito
ma**y**onesa
gua**y**aba
a**y**udante

Ayer cayó una gran tormenta.
Yanira toma leche de soya.
Ya salió el rayito de sol.
Yolanda come ayote en miel.
Ayer preparé huevos en el
desayuno.

Yanira toma leche de soya.

maguey

rey

carey

buey

so**y**
ha**y**
ho**y**
do**y**
vo**y**
mame**y**
mague**y**

El maguey evita la erosión.

Hoy estaré muy ocupado.

En la mesa hay un mamey.

Sugey es muy amable.

Esa es una tortuga carey.

Hoy estaré muy ocupado.

56

Victoria

Tú y yo

Felipe y Gabriela

perro y
gato

maestra y
alumno

pelota y
raqueta

plato y **vaso**
niño y **niña**
café y **pan**
mamá y **papá**
cuchara y **tenedor**
sábana y **almohada**
blusa y **pantalón**

Desayuno leche y pan.

Comí lechuga y tomate.

Yeni corre y Dina la mira.

Mi tía y mi tío se respetan.

Gabriela y yo somos

amigos.

Desayuno leche y pan.

57

koala

ku   ke   ki   ko   ka

kilo

kimono

karateca

Kenia
Tika**l**
karate
Tok**io**
Karina
Katia
kilómetro

Kevin es karateca.

Visitamos las ruinas de Tikal.

Compré un kilo de queso.

Karina practica karate.

El koala sube a ese árbol.

Karina practica karate.

Z z Z z

zorro

zo za zu

pozo

zapato

pizarra

taza
azul
tenaza
zapote
cabeza
zompopo
zoológico

Debemos cuidar la naturaleza.

El zorro caza a su presa.

En marzo iremos al zoológico.

Bebimos jugo de zanahoria.

Mi hermano hizo un gol de

cabeza.

Debemos cuidar la naturaleza.

cebra

ce   ci

cocina

maceta

cocinero

cebra
cielo
circo
Mar**ce**lo
cebolla
ca**ce**rola
mur**ci**élago

Cecilia preparó la cena.
El circo tiene una cebra.
Celina fue a su cita médica.
César come ciruelas.
Mi vecino cultiva cebollas.

El circo tiene una cebra.

kiwi

wi　we　wa　wo

Walter

Wanda

Wilfredo

Wendy
Walter
Winona
Wilfredo
Walberto
Wilberto
William

Walter es muy estudioso.

Waldo y Edwin son amigos.

Mi hermano se llama Wilfredo.

Wilber está en Guatemala.

Wendy toma jugo de kiwi.

Walter es muy estudioso.

Libro primero de lectura y escritura

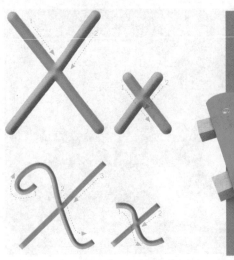

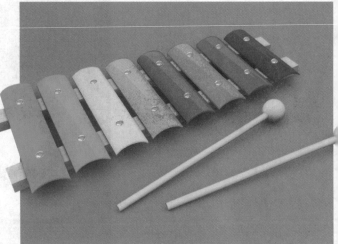

xilófono

xi xu xa xo xe

Maximiliano

saxofón

taxi

éxito
tóxico
oxígeno
saxofón
Xenia
exámenes
Maximiliano

Xiomara toca el xilófono.

El médico me examinó.

Los niños estudian al máximo.

Ximena es amiga del taxista.

El taxi es de color amarillo.

Xiomara toca el xilófono.

Félix

ex ax ix ux ox

Max

sexto

texto

ónix
tórax
excusa
explorar
excavar
excelente
experto

Max conduce un taxi.

Félix expone su tema.

Ella estudia sexto grado.

Calixto escucha el saxofón.

Mi colegio es mixto.

félix expone su tema.

63

SEGUNDA PARTE

Las vocales

Salió la **a** en avión a Panamá.

Salió la **e** y no sé adonde fue.

Salió la **i** pero yo me perdí.

Salió la **o** en carro y no volvió.

Salió la **u** por el canal y llegó al Perú.

65

Victoria
Libro primero de
lectura y escritura

Los números

Como el uno no hay ninguno.

Con el dos me da tos.

Con el tres no me ves.

Con el cuatro voy al teatro.

Con el cinco brinco y brinco.

Con el seis no me encontraréis.

Con el siete soy un jinete.

Con el ocho soy pinocho.

Con el nueve cae la nieve.

Con el diez me duelen los pies.

Victoria
Libro primero de
lectura y escritura

Los meses del año

Treinta días trae **noviembre**,
con **abril**, **junio** y **septiembre**;
de veintiocho sólo se encuentra uno
y los demás son de treinta y uno.

El cuento de la semana

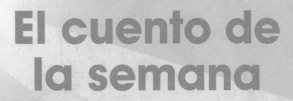

Domingo de sol.
Lunes de luna.
Martes de plata.
Si ya es **miércoles**,
es media semana.
Jueves de nubes,
viernes de lluvia,
cuando llega el
sábado,
todo el mundo se
baña.

67

Victoria
Libro primero de
lectura y escritura

A dormir

A dormirse mi niño,
en frazadas de armiño.
A dormirse mi niño,
que tu sueño tiño,
a dormir a dormir.

A dormirse temprano,
que ahora el sueño ha llamado.
A dormirse mi niño,
que en el sueño hay cariño,
a dormir a dormir.

68
Victoria
Libro primero de
lectura y escritura

Dulce nombre

Las tiernas boquitas que aprenden a hablar,
mimosas, muy suaves, gorjean mamá.

Y las torpes manos que no saben más,
aprietan el lápiz y escriben mamá.

Después, cuando empieza a deletrear,
también su primera palabra es mamá.

Con tu dulce nombre he aprendido a hablar,
leer y escribir. ¡Oh, mamá, mamá!

Germán Berdiales (argentino)

69
Victoria
Libro primero de
lectura y escritura

Cuida siempre de mis nidos
y mis ramajes floridos.

En mi tronco y mis raíces
no quiero ver cicatrices.

Cuida de mi fruta verde,
pues madura no se pierde.

Si es tu amigo quien me nombra,
recuérdale que doy sombra.

Sálvame del que se empeña
en hacer del árbol leña.

Y del hacha y del hachero
como del rayo traicionero.

Salva la flor de mis ramas
de la angustia de las llamas.

Venme a regar con tu mano,
en los días de verano.

El que por mi lado pasa
siempre tiene en mí su casa.

En mi follaje se encierra
vida, amor, canción y vuelo.

Tengo la raíz en tierra y
la copa abierta al cielo.

Manuel F. Rugeles (venezolano)

70
Victoria
Libro primero de
lectura y escritura

Amor filial

Yo adoro a mi madre querida,
yo adoro a mi padre también;
ninguno me quiere en la vida
como ellos me saben querer.

Si duermo, ellos velan mi sueño;
si lloro, están tristes los dos;
si río, su rostro es risueño,
mi risa es para ellos el sol.

Me enseñan los dos con inmensa ternura
a ser bueno y feliz.
Mi padre por mí lucha y piensa,
mi madre ora siempre por mí.

Yo adoro a mi
madre querida,
yo adoro a mi
padre también;
ninguno me quiere
en la vida
como ellos me
saben querer.

Amado Nervo
(mexicano)

Jesús bendice a los niños y las niñas

La Biblia nos enseña que Jesús es un ser muy especial y bondadoso, siempre andaba en todos los lugares rodeado de sus discípulos hablando del amor y de hacer el bien a los demás.

Una vez estaba en un pueblecito predicando como siempre sobre el amor y respeto hacia Dios, bendiciendo y aconsejando a todo aquél que lo buscara y necesitara, cuando de pronto todas las mujeres del pueblo que tenían hijos e hijas empezaron a llevarlos a la presencia de Jesús para que Él pusiera sus santas manos en las cabecitas y fueran bendecidos.

Los discípulos pensaron que la multitud de niños y niñas podía incomodar a Jesús y les dijeron a todos y a todas que no lo molestaran, que se alejaran de Él porque estaba muy ocupado.

Pero Jesús que era un ser amistoso y lleno de cariño les dijo a sus discípulos: "Dejen que los niños y niñas vengan a mí y no se los impidan, porque de ellos es el reino de los ~ielos".